浙江省地方标准

振动压实试验法密级配沥青混合料施工技术规范

Specifications for construction of dense gradation asphalt mixture based on vertical vibrocompression testing method

DB 33/T 2034—2018

主编单位：金华市公路管理局
　　　　　长安大学
　　　　　金华市天平交通工程试验检测咨询有限公司
　　　　　金华市鑫隆路桥建设有限公司
批准部门：浙江省质量技术监督局
实施日期：2018 年 01 月 18 日

人民交通出版社股份有限公司

图书在版编目(CIP)数据

振动压实试验法密级配沥青混合料施工技术规范 / 金华市公路管理局等主编. — 北京：人民交通出版社股份有限公司, 2018.3
　ISBN 978-7-114-14184-3

　Ⅰ.①振… Ⅱ.①金… Ⅲ.①振动压实 – 试验方法 – 沥青拌和料 – 工程施工 – 技术规范 Ⅳ.①U414 –65

中国版本图书馆 CIP 数据核字(2018)第 049972 号

书　　名：	振动压实试验法密级配沥青混合料施工技术规范
著 作 者：	金华市公路管理局
	长安大学
	金华市天平交通工程试验检测咨询有限公司
	金华市鑫隆路桥建设有限公司
责任编辑：	黎小东
出版发行：	人民交通出版社股份有限公司
地　　址：	(100011)北京市朝阳区安定门外外馆斜街 3 号
网　　址：	http://www.ccpress.com.cn
销售电话：	(010)59757973
总 经 销：	人民交通出版社股份有限公司发行部
经　　销：	各地新华书店
印　　刷：	北京鑫正大印刷有限公司
开　　本：	880×1230　1/16
印　　张：	1.5
字　　数：	38 千
版　　次：	2018 年 3 月　第 1 版
印　　次：	2018 年 3 月　第 1 次印刷
书　　号：	ISBN 978-7-114-14184-3
定　　价：	30.00 元

(有印刷、装订质量问题的图书,由本公司负责调换)

DB 33/T 2034—2018

目　次

前言 .... Ⅲ
1 范围 1
2 规范性引用文件 1
3 术语和定义 1
4 材料 1
　4.1 一般规定 1
　4.2 沥青 1
　4.3 粗集料 2
　4.4 细集料 2
　4.5 填料 2
5 配合比设计 2
　5.1 一般规定 2
　5.2 矿料级配 3
　5.3 设计标准 3
　5.4 配合比设计方法 4
6 施工 5
　6.1 一般规定 5
　6.2 拌和 6
　6.3 运输 6
　6.4 摊铺 7
　6.5 碾压 7
　6.6 施工缝的处理 7
　6.7 养护及交通管制 8
7 质量管理与控制 8
　7.1 一般要求 8
　7.2 质量控制 8
　7.3 检查项目及频度 9
附录 A（规范性附录） VTM 沥青混合料配合比设计 10
附录 B（规范性附录） 沥青混合料振动压实试验方法 16
附录 C（规范性附录） 垂直振动压实仪的技术要求 18

Ⅰ

前言

本标准依据GB/T 1.1—2009给出的规则起草。

请注意本文件的某些内容可能涉及专利。本文件的发布机构不承担识别这些专利的责任。

本标准由浙江省交通运输厅提出并归口。

本标准起草单位：金华市公路管理局、长安大学、金华市天平交通工程试验检测咨询有限公司、金华市鑫隆路桥建设有限公司。

本标准主要起草人：陈浙江、蒋应军、李寿伟、陈豫、张志宏、纪小平、李海光、方剑、张英志、崔庆丰、章浩、胡永林、汤振农、项震宇、卢懿统、程胜、陈建洪、范人杰、陈海航。

DB 33/T 2034—2018

振动压实试验法密级配沥青混合料施工技术规范

1 范围

本标准规定了振动压实试验法沥青混合料的材料、配合比设计、施工、质量管理与控制要求。

本标准适用于新建和改扩建高等级公路的 AC、ATB 类沥青混合料施工及质量检验，其他等级公路参照执行。

2 规范性引用文件

下列文件对于本文件的应用是必不可少的。凡是注日期的引用文件，仅注日期的版本适用于本文件。凡是不注日期的引用文件，其最新版本（包括所有的修改单）适用于本文件。

JTG E20　　　公路工程沥青及沥青混合料试验规程
JTG E60　　　公路路基路面现场测试规程
JTG F40—2004　公路沥青路面施工技术规范
JTG F80/1　　公路工程质量检验评定标准　第一册　土建工程

3 术语和定义

JTG F40—2004 界定的以及下列术语和定义适用于本文件。

3.1

垂直振动压实仪（VTE）　vertical vibrocompression testing equipment

工作时只产生垂直振动力的振动压实仪。

3.2

振动压实试验方法（VTM）　vertical vibrocompression testing method

采用 VTE 将沥青混合料振动压实至规定压实度和尺寸要求的圆柱体试件的方法。

4 材料

4.1 一般规定

4.1.1 各种材料运至现场后，应按 JTG F40—2004 规定抽样检测，检测合格后方可使用，不得以供应商提供的检测报告或商检报告代替现场检测。

4.1.2 集料的选择应经过认真的料源调查，料源应尽可能就地取材。

4.1.3 不同料源、品种、规格的集料应设墙体分开堆放，明确标识，不得混杂，且堆放场地应硬化处理。细集料应搭棚堆放。

4.1.4 沥青应按品种、标号分开存放。散装沥青在储罐中的储存温度不宜低于 130℃，并不得高于 170℃。桶装沥青应直立堆放，加盖苫布。

4.1.5 道路石油沥青在储运、使用及存放过程中，应有良好的防水措施，避免雨水进入沥青中。

4.2 沥青

沥青质量应符合 JTG F40—2004 的要求。

4.3 粗集料

4.3.1 粗集料应洁净、干燥、表面粗糙,其质量应符合 JTG F40—2004 的要求。中面层、下面层宜采用石灰岩等碱性石料,表面层采用玄武岩、辉绿岩等中性石料。

4.3.2 当集料与沥青的黏附性不符合 JTG F40—2004 要求时,可掺消石灰或水泥代替部分矿粉,其用量宜为沥青混合料质量的 1.5%～2.0%。

4.3.3 粗集料的粒径规格应符合表1的规定。

表 1 沥青混合料用粗集料规格

规格名称	公称粒径(mm)	通过下列筛孔(mm)的质量百分率(%)							
		37.5	31.5	26.5	19.0	13.2	9.5	4.75	2.36	0.6
S6	15～30	100	90～100	—	—	0～15	—	0～5		
S8	10～25		100	90～100	—	0～15	—	0～5		
S9	10～20			100	90～100	—	0～15	0～5		
S10	10～15				100	90～100	0～15	0～5		
S12	5～10					100	90～100	0～15	0～5	
S14	3～5						100	90～100	0～15	0～5

4.4 细集料

4.4.1 细集料应洁净、干燥、无风化、无杂质,其质量应符合 JTG F40—2004 的要求。

4.4.2 细集料宜采用机制砂,不应使用石屑。

4.4.3 机制砂宜选用石灰岩石料加工,也可选用玄武岩、辉绿岩等其他基性岩质石料,但不得选用酸性岩质石料。

4.5 填料

4.5.1 填料应采用石灰岩等碱性石料经磨细得到的矿粉,不得使用回收粉代替矿粉。

4.5.2 矿粉应干燥、洁净,其质量应符合 JTG F40—2004 的要求。

5 配合比设计

5.1 一般规定

5.1.1 沥青混合料配合比设计应通过目标配合比设计、生产配合比设计、生产配合比验证三个阶段,确定沥青混合料的材料品种及配比、矿料级配、最佳沥青用量。

5.1.2 采用本标准附录 A 的方法进行沥青混合料配合比设计。配合比设计时,除 VTM 试件制作应符合本标准附录 B 的要求之外,其他试验方法应遵照 JTG E20 进行。VTM 试件制作采用的 VTE 应符合本标准附录 C 的规定。

5.1.3 配合比设计报告应包括:材料选择与原材料检测结果、矿料级配、最佳沥青用量及各项体积指标、配合比设计检验结果等。

5.1.4 原材料发生变化时,应重新进行沥青混合料配合比设计。

5.2 矿料级配

采用VTM方法设计的沥青混合料矿料,其级配应符合表2规定的工程设计级配范围。

表2 沥青混合料矿料级配范围

混合料类型	通过下列筛孔(mm)的质量百分率(%)												
	37.5	31.5	26.5	19	16	13.2	9.5	4.75	2.36	1.18	0.6	0.3	0.15	0.075
ATB-30	100	90~100	72~86	60~72	54~66	48~60	40~50	28~40	18~30	12~24	8~18	5~14	3~10	2~6
ATB-25		100	90~100	62~74	56~68	50~62	40~50	28~40	18~30	12~24	8~18	5~14	3~10	2~6
AC-25		100	90~100	75~87	60~75	50~65	40~50	26~36	18~28	12~22	8~18	5~15	4~12	3~7
AC-20			100	90~100	70~85	55~70	45~55	28~38	20~30	12~20	8~18	5~15	4~10	3~7
AC-16				100	90~100	65~80	60~75	36~50	22~34	14~24	9~19	7~17	5~11	4~8
AC-13					100	90~100	68~80	38~50	26~38	16~28	10~20	8~18	5~11	
AC-10						100	90~100	45~55	30~42	20~30	14~24	9~19	6~12	

5.3 设计标准

5.3.1 采用VTM方法设计的沥青混合料试件应符合表3的技术要求,并具有良好的施工性能。

表3 沥青混合料VTM设计技术要求

公称最大粒径(mm)	试件尺寸 $\phi \times h$(mm)	振动时间(s)	空隙率VV(%)	稳定度MS(kN)	沥青饱和度VFA(%)	矿料间隙率VMA(%)
>26.5	150×95.3	100	3.0~4.0	≥15.0	64~74	≥10.5
≤26.5	100×63.5	65	2.5~4.0	≥10.0	68~80	≥11.0

5.3.2 沥青混合料应在配合比设计的基础上,按下列步骤进行性能检验;不符合要求的沥青混合料,应更换材料或重新进行配合比设计。性能检验用试件,应采用振动压实试验方法确定其密度:
a) 在规定的试验条件下进行车辙试验,动稳定度应符合表4的要求。车辙试验不得采用二次加热的混合料,试验应检验其密度是否符合试验规程的要求;

表4 沥青混合料车辙试验动稳定度检验技术要求

混合料类型	公称最大粒径(mm)沥青混合料动稳定度要求值(次/mm)		试验方法
	>26.5	≤26.5	
普通沥青混合料	≥1500	≥2000	JTG E20中T 0719
改性沥青混合料	≥4500	≥5500	

b) 在规定的试验条件下检验沥青混合料的水稳定性,残留稳定度和残留强度比应符合表5的要求。达不到要求时,应按本标准4.3.2的要求采取抗剥落措施,调整最佳沥青用量后再次试验;

表5 沥青混合料水稳定性检验技术要求

技术指标	混合料类型	公称最大粒径(mm)沥青混合料混合料水稳性要求值(%)		试验方法
		>26.5	≤26.5	
残留稳定度	普通沥青混合料	≥80	≥85	JTG E20 中 T 0709
	改性沥青混合料	≥85	≥90	
残留强度比	普通沥青混合料	≥75	≥80	JTG E20 中 T 0729
	改性沥青混合料	≥80	≥85	

c) 在温度 -10℃、加载速率 50mm/min 的条件下进行弯曲试验,破坏应变宜符合表6的要求;

表6 沥青混合料低温弯曲试验破坏应变检验技术要求

混合料类型	公称最大粒径(mm)沥青混合料破坏应变要求值(με)		试验方法
	>26.5	≤26.5	
普通沥青混合料	≥2000	≥2000	JTG E20 中 T 0715
改性沥青混合料	≥2500	≥2500	

d) 宜采用轮碾机成型的车辙试件。脱模后架起进行渗水试验,并应符合表7的要求。

表7 沥青混合料试件渗水系数检验技术要求

结构层次	渗水系数(mL/min)	试验方法
表面层	≤80	JTG E20 中 T 0730
中面层	≤100	
下面层	≤120	

5.4 配合比设计方法

5.4.1 配合比设计的各个阶段都应采用VTM试件。VTM试件应符合表3的技术要求。

5.4.2 目标配合比提供拌和楼冷料仓的上料比例和沥青用量,采用附录A的方法进行设计。具体步骤包括:

a) 测试原材料性质及集料级配;
b) 根据各种集料级配和表2的矿料级配范围,确定各集料用量比例;
c) 预估最佳沥青用量 P_a,按 P_a、$P_a \pm 0.5\%$、$P_a \pm 1.0\%$ 拟定 5 组不同的沥青用量,制作 VTM 试件;
d) 测定不同沥青用量沥青混合料物理力学性质(包括稳定度、流值、毛体积相对密度、空隙率、矿料间隙率和有效沥青饱和度),确定最佳沥青用量;
e) 目标配合比如部分指标或性能检验不符合本标准技术要求的,则重新调整矿料级配、重新设计。

5.4.3 生产配合比以目标配合比设计级配曲线为指导,对二次筛分后的矿料重新进行配合比设计,确定各热料仓的用料比例和生产配比的最佳沥青用量,可参照附录A的方法进行设计。具体步骤包括:

a) 对热料仓各规格集料进行筛分,分别测定其毛体积相对密度和表观相对密度;
b) 根据各规格集料筛分结果和表2的矿料级配范围,确定各热料仓的用量比例;

c) 取目标配合比最佳沥青用量及±0.3%三个沥青用量制作VTM试件,测试VTM试件物理力学性质,确定最佳沥青用量;
d) 生产配合比最佳沥青用量不宜超过目标配合比最佳沥青用量±0.2%。若超过目标配合比最佳沥青用量较大,则需用生产配合比确定的最佳沥青用量制件,重新进行路用性能检验;
e) 生产配合比如有部分指标或性能检验不符合本标准技术要求的,则应重新调整级配、重新设计。

5.4.4 生产配合比验证(试验段铺筑)分为试拌和试铺两个阶段。试验段铺筑应符合下列要求：
a) 试验段长度宜为单幅200m~300m,试验段铺筑分试拌和试铺两个阶段;
b) 试拌阶段:确定拌和楼的操作方式,如上料速度、拌和数量与拌和时间、拌和温度等,并验证沥青混合料配合比设计。即在拌和厂取样进行VTM试验,试拌混合料达到本标准表3~表7的要求时,方可试铺;若车辙和水稳定性检验不符合本标准技术要求的,应重新进行配合比设计;
c) 试铺阶段:确定合理的施工机械配备、组合方式及拌和与运输、摊铺能力的协调;确定摊铺机的操作方式,如摊铺温度、摊铺速度、初步振捣夯实的方法和强度、自动找平等;确定压实工艺,包括压路机组合、压实顺序、碾压温度、碾压速度、碾压遍数及合理碾压段长度;确定松铺系数及虚铺厚度;
d) 结合试验路段铺筑情况及路面质量检测结果,提出生产用的标准配合比和最佳沥青用量;提出大面积生产的标准施工工艺,包括施工机械配备及组合、拌和与运输及摊铺能力的协调;确定施工组织及管理体系、质保体系、人员、机械设备、检测设备、通信及指挥方式;
e) 及时总结试验段报告并报备相关部门。

6 施工

6.1 一般规定

6.1.1 铺筑沥青面层前,应对基层或下卧沥青面层进行检查,其质量不符合要求的,不得铺筑沥青面层。旧沥青路面或下卧层已被污染时,应清洗或经铣刨处理后,方可铺筑沥青混合料。
6.1.2 沥青路面不得在气温低于10℃(高速公路和一级公路)或5℃(其他等级公路),以及雨天、路面潮湿的情况下施工。
6.1.3 各施工阶段温度应符合表8的要求。

表8 沥青混合料施工温度要求

工 序	温度(℃)		测量部位
	普通沥青混合料	改性沥青混合料	
沥青加热温度	160~170	—	沥青加热罐
成品改性沥青加热温度	—	165~175	改性沥青车
沥青混合料出料温度	150~165	170~185	运料车
运输到现场温度	≥145	≥165	运料车
混合料废弃温度	>190	>190	运料车
混合料摊铺温度	≥135	≥160	摊铺机
开始碾压时的内部温度	≥130	≥150	碾压层内部
碾压终了时的表面温度	≥70	≥90	碾压层表面

6.1.4 开工前,应对施工机械进行保养、调试和试机,对拌和楼、检测仪器等设备进行校验和标定。

6.1.5 施工过程中,应对拌和楼筛网等配件进行经常检查,发现堵塞和破损现象应及时进行清理和更换。

6.2 拌和

6.2.1 拌和设备应符合下列要求：
a) 沥青混合料采用间歇式拌和楼拌和,拌和能力应满足连续施工和工程进度要求,宜采用4000型及以上设备；
b) 应配备良好的二级除尘装置；
c) 拌和楼冷料仓数量不宜少于5个~6个。两个冷料仓相接处应安装一块加高斜挡隔板,装载机料斗宽度应小于冷料仓上口宽度；
d) 矿粉仓应备振动装置以防矿粉起拱。掺消石灰、水泥等外掺剂时,宜增加粉料仓；否则应设置专用管线和螺旋升送器直接加入拌和锅,但应防止密度不同而发生离析；
e) 宜具有添加纤维、消石灰等外掺剂的设备；
f) 拌和楼的振动筛规格应根据混合料矿料级配组成与最大粒径确定。最大筛孔宜略大于混合料的最大粒径,其余筛孔应尽量使热料仓供料大体均衡,尤其应严格控制最大粒径、2.36mm和4.75mm等关键粒径；
g) 应配有80t以上热储料仓,储料仓应有自动保温设备。

6.2.2 拌和应符合下列要求：
a) 冷料供料装置需经标定得出集料供料曲线,确保配合比符合设计要求；
b) 根据配合比确定各种矿料比例及沥青用量,将数据输入拌和楼控制计算机自动执行,各种矿料掺配比例不得随意调整,混合料整个拌和过程中不得手动操作；
c) 拌和时间经试拌确定,以沥青均匀集料为度。间歇式拌和楼每盘的生产周期,普通沥青混合料不宜少于45s(其中干拌时间不少于5s~10s),改性沥青混合料拌和时间不宜少于60s(其中干拌时间不少于10s)；
d) 生产添加纤维的沥青混合料时,纤维应在混合料中充分分散,拌和均匀。拌和楼应配备同步添加投料装置,松散的絮状纤维可在喷入沥青的同时或稍后采用风送设备喷入拌和锅,拌和时间宜延长5s以上。颗粒纤维可在粗集料投入的同时自动加入,经5s~10s的干拌后,再投入矿粉。工程量小时也可分装成塑料小包或由人工量取直接投入拌和锅。

6.3 运输

6.3.1 运料车辆应符合下列要求：
a) 应采用15t或较大吨位的自卸汽车,车辆数量和运输能力应满足拌和出料与摊铺需要；
b) 运料车辆尾部应加焊侧板,以减少卸料时沥青混合料离析现象的发生；
c) 运料车辆侧面中部设专用检测孔,孔口距车箱底面约300mm,以便采用数字显示插入式热电偶温度计检测沥青混合料的出厂温度和运到现场温度。

6.3.2 装料、运输及卸料应符合下列要求：
a) 装车不得随拌随装,储料仓应储存一定混合料；
b) 拌和楼向自卸式运料车装料时,运料车应前后移动分层装料,至少移动三次呈"品"字形装料；
c) 运料车辆应填写运料单,运料单上应注明沥青混合料出厂温度、摊铺现场温度、外观质量等,离析、结块的沥青混合料应废弃。沥青混合料温度检测时,温度计插入深度应大于150mm；

d) 运料车辆在运输、摊铺过程中,应对沥青混合料采取覆盖保温措施;
e) 运料车辆每次卸料时应倒净。如有剩余,及时清除,防止硬结。

6.4 摊铺

6.4.1 摊铺设备应符合下列要求:
   a) 具有自动找平装置或平衡梁;
   b) 可加热的振动熨平板;
   c) 足够容量的受料斗。

6.4.2 摊铺前准备工作如下:
   a) 下面层摊铺厚度采用挂钢丝引导高程控制方式,中面层、表面层采用非接触式平衡梁;
   b) 摊铺前,熨平板应预热至100℃以上;
   c) 摊铺机前方有3辆~5辆运料车辆等候卸料时,方可开始摊铺。

6.4.3 摊铺应符合下列要求:
   a) 调整夯锤行程和频率、熨平板振动频率,确保沥青混合料预压密度不小于90%;
   b) 调整摊铺机布料器的速度,保证布料器连续运转,缓慢连续出料;保证两侧混合料高度不少于布料器2/3高度,以减少摊铺离析;
   c) 摊铺过程中,运料车应在摊铺机前10cm~30cm处停住,不得撞击摊铺机。卸料过程中运料车辆应挂空挡,靠摊铺机推动前进;
   d) 下面层摊铺速度宜为1m/min~3m/min,中面层、表面层摊铺速度宜为2m/min~3m/min。摊铺机应缓慢、均匀、连续不间断行进。

6.5 碾压

6.5.1 根据摊铺能力,配备一定数量的12t以上双钢轮振动压路机、26t以上胎压不小于0.5MPa的轮胎压路机和小型振动压路机、振动夯板或人工热夯等。

6.5.2 应遵循"紧跟、慢压、高频、低幅、均衡、匀速、由低到高、阶梯重叠"的碾压原则。

6.5.3 压实应符合下列要求:
   a) 初压:采用胶轮压路机紧随摊铺机进行初压,碾压速度宜为1.5km/h~2km/h,最大不超过3km/h,碾压不少于2遍;
   b) 复压:应紧接着初压进行,宜采用振动压路机与轮胎压路机联合碾压方式,碾压速度宜为2.5km/h~4km/h,最大不超过5km/h,应达到本标准表9的压实度要求且无明显轮迹为止;
   c) 终压:宜选用双钢轮压路机或关闭振动的振动压路机碾压,碾压速度宜为2.5km/h~3.5km/h,终压宜不少于2遍,以消除轮迹。若有微裂纹时,宜采用胶轮压路机,碾压速度宜为4km/h~6km/h。

6.6 施工缝的处理

6.6.1 纵向施工缝应符合下列要求:
   a) 采用双机摊铺机成梯队联合摊铺方式的纵向接缝,应采用斜接缝。在前部已摊铺混合料部分留下10cm~20cm宽暂不碾压作为后高程基准面,并有5cm~10cm左右的摊铺层重叠,采用热接缝形式在最后做跨接缝碾压,以消除缝迹。若两台摊铺机相隔距离较短,也可做一次碾压;
   b) 上下层纵缝应错开15cm以上,且应尽量避开车道轮迹带。

6.6.2 横向施工缝应符合下列要求:
   a) 全部采用平接缝,用3m直尺沿纵向位置在摊铺段端部使其呈悬臂状,通过摊铺层与直尺脱离接触处定出接缝位置,用锯缝机割齐后铲除;

b) 继续摊铺时,应将摊铺层锯切时留下的灰浆擦洗干净,涂上少量黏层沥青,摊铺机熨平板从接缝处起步摊铺,摊铺前熨平板应提前0.5h~1h预热至不低于100℃,并将原压实部位进行预热甚至软化;
c) 碾压时采用振动压路机进行横向压实,从先铺路面上跨缝逐渐移向新铺面层,以每次20cm宽度为宜,直至全部在新铺面上为止。然后,改为纵向碾压时,不要在横接缝上垂直碾压,以免引起新旧层错台;
d) 碾压完毕后应对平整度做专门测量,如不符合应及时处理,确保接缝平整;
e) 相邻两幅及上下层的横向接缝均宜错位1m以上。

6.6.3 路面表面层横向施工缝应远离桥梁伸缩缝20m以上,不得设在伸缩缝处,以确保伸缩缝两边路面表面的平顺。

6.7 养护及交通管制

6.7.1 沥青面层施工完毕,路面温度降至50℃后方可开放交通。改性沥青路面要求施工2d~3d后才能开放交通。

6.7.2 施工过程中,应采取有效措施避免沥青面层受到污染。

6.7.3 已施作的沥青面层上禁止一切超载车辆通行,以保护面层不出现早期破损。

7 质量管理与控制

7.1 一般要求

7.1.1 沥青路面施工应建立健全有效的质量保证体系,对施工各工序的质量进行检查评定,以达到规定的质量标准,确保施工质量的稳定性。

7.1.2 沥青路面应加强施工过程质量控制,实行动态质量管理,关键工序及重要部位宜拍摄照片或进行录像,作为实态记录资料保存。

7.1.3 所有与工程建设有关的原始记录、试验检测及计算数据、汇总表格,应如实记录和保存。对已经采取措施进行返工和补救的项目,可在原记录和数据上注明,但不得销毁。

7.1.4 上一道工序未经监理检测合格,不得进入下一道工序施工,每道工序的检查结果应以书面材料为准。

7.2 质量控制

7.2.1 原材料

7.2.1.1 应加强集料级配和粉尘含量的控制。

7.2.1.2 沥青应加强从源头、中转、到场三个环节控制。到场沥青应留样封存,普通沥青应每天留样,改性沥青应每车留样。

7.2.2 配合比

7.2.2.1 严格配合比设计及路用性能检测,检测频率应符合下列要求:
a) 沥青混合料矿料级配检测,每日应不少于2次;
b) 沥青混合料沥青用量检测,每日应不少于2次(抽提试验);
c) 沥青混合料各项技术指标(包括稳定度、流值、空隙率)测试,每日应不少于2次。

7.2.2.2 严格调试拌和楼,控制关键筛孔的通过率与生产配合比的容许偏差,保持混合料级配稳定,且每天施工结束后应进行下列校核工作:

a) 拌和楼应逐盘打印沥青及各种矿料的用量和拌和温度,根据打印数据,进行总量控制;
b) 以各仓用量及各仓筛分结果,在线抽查矿料级配;
c) 计算平均施工级配和油石比,与设计结果进行校核;
d) 以每天产量计算平均厚度,与路面设计厚度进行校核;
e) 根据上述检测数据、混合料物理力学性质试验及抽提筛分试验结果,及时进行合理调整。

7.2.3 施工过程

7.2.3.1 应加强沥青混合料施工温度控制,应符合下列要求:
a) 混合料出厂温度检测频率为每车应不少于1次;
b) 摊铺、碾压过程中,沥青混合料温度应随时检测。

7.2.3.2 沥青混合料碾压过程中,应随时进行外观检查,并应符合下列要求:
a) 混合料均匀无离析、无花白料、油团;
b) 碾压完成后,无明显轮迹、推挤、裂缝、油包、油汀等。

7.2.3.3 沥青混合料离析包括沥青混合料温度离析和沥青混合料集料离析,宜符合下列要求:
a) 施工过程中采用红外温度探测器检测的温度差不应超过20℃;
b) 构造深度的最大值与平均值之比不应超过1.5。

7.2.3.4 加强沥青路面质量控制,表面层抗滑构造深度、纵断面高程应及时进行检测,面层压实度、厚度、平整度、渗水系数应逐层进行检测。质量及检测应符合以下要求:
a) 压实度采用双控指标,要求VTM标准密度的压实度不小于98%,最大理论密度的压实度控制在94%~98%,面层实测空隙率应控制在2%~6%;
b) 面层平整度是路面质量的主要指标,要求连续平整度仪100m标准差的合格标准,下面层不大于1.6mm,中面层不大于1.2mm,表面层不大于1.0mm;并采用3m直尺随时对接缝处进行路面平整度(最大间隙)检测;
c) 渗水系数应作为常规试验进行检测,下面层合格率宜不小于80%,中面层、表面层合格率宜不小于90%。若合格率达不到要求,应加倍频率检测;如渗水系数检测结果仍然不合格时,需对该段路面进行处理。

7.2.4 试验检测及信息反馈

应按照JTG F40—2004中附录F、附录G进行动态过程质量管理。

7.3 检查项目及频度

压实度和渗水系数的检查频度和质量要求应符合表9的要求。其他质量检查的内容应符合JTG F40—2004和JTG F80/1的要求。

表9 压实度和渗水系数检查频度和质量要求

检查项目		质量要求	检查频度及单点检验评价方法	试验方法
压实度,不小于		VTM试件密度的98%或最大理论密度的94%	每2000m²检查1组,逐个试件评定并计算平均值	JTG E60中T 0924、JTG E60中T 0922、JTG F40—2004中附录E
渗水系数(mL/min),不大于	表面层	80	每1km不少于5点,每点3处取平均值	JTG E60中T 0971
	中面层	100		
	下面层	120		

DB 33/T 2034—2018

附 录 A
（规范性附录）
VTM 沥青混合料配合比设计

A.1 一般规定

A.1.1 本方法适用于密级配沥青混凝土及沥青稳定碎石混合料。
A.1.2 目标配合比设计宜按图 A.1 的步骤进行。
A.1.3 生产配合比设计可参照本方法规定的步骤进行。

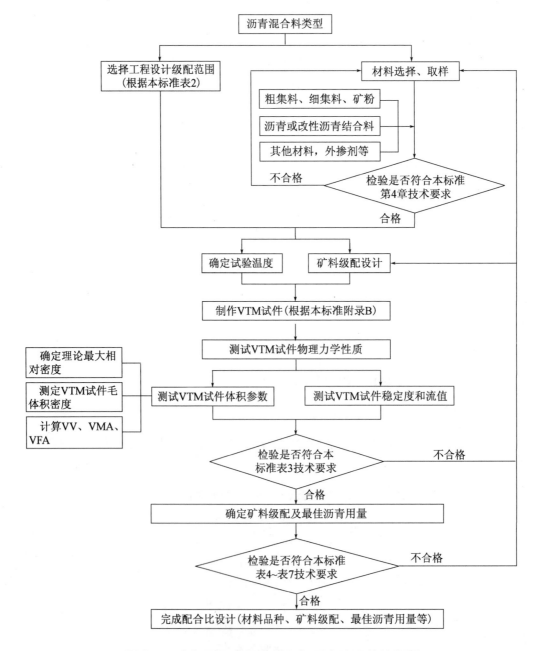

图 A.1 密级配沥青混合料目标配合比设计流程图

A.2 材料选择与准备

A.2.1 配合比设计的各种集料应按 JTG E42 规定的方法,从工程实际使用的材料中取代表性样品。生产配合比设计时,取样至少应在干拌 5 次以后进行。

A.2.2 配合比设计所用的各种材料质量应符合本标准第 4 章规定的技术要求。当单一规格集料某项指标不合格,但不同粒径规格集料按级配组成的集料混合料指标能符合规范要求时,允许使用。

A.3 矿料配比设计

A.3.1 采用本标准表2规定的级配范围作为工程设计级配范围,施工过程中不得随意变更。

A.3.2 矿料配比设计宜借助 EXCEL 表格用试配法进行。宜设计 3 组粗细不同的矿料配合比,分别位于工程设计级配范围的上方、中值及下方。

A.3.3 设计矿料级配不得有太多的锯齿形交错,且在 0.3mm~0.6mm 范围内不出现"驼峰"。当反复调整不能满意时,宜更换材料设计。

A.4 VTM 试件物理力学性质测试

A.4.1 配合比设计标准按本标准 5.3 的规定执行。

A.4.2 沥青混合料 VTM 试件制作温度按 JTG F40—2004 中 5.2.3 规定的方法确定。普通沥青混合料如缺乏黏温曲线时,可参照表 A.1 执行;改性沥青混合料温度宜在表 A.1 的基础上再提高 10℃~20℃。表中混合料温度并非拌和机的油浴温度,应根据沥青的针入度、黏度选择,不宜都取中值。

表 A.1 热拌普通沥青混合料试件的制作温度

施工工序	石油沥青标号		
	50 号	70 号	90 号
沥青加热温度(℃)	160~170	155~165	150~160
矿料加热温度(℃)	集料加热温度比沥青温度高 10~30(填料不加热)		
沥青混合料拌和温度(℃)	150~170	145~165	140~160
试件击实成型温度(℃)	140~160	135~155	130~150

A.4.3 按式(A.1)计算矿料的合成毛体积相对密度 γ_{sb}。进行生产配合比设计时,当细集料仓中的材料混杂各种材料而无法采用筛分替代法时,可将 0.075mm 部分筛除后以统货实测值计算。

$$\gamma_{sb} = \frac{100}{\dfrac{P_1}{\gamma_1} + \dfrac{P_2}{\gamma_2} + \cdots + \dfrac{P_n}{\gamma_n}} \quad \cdots\cdots\cdots (A.1)$$

式中: γ_{sb}——矿料的合成毛体积相对密度;
P_1、P_2、$\cdots$、P_n——各规格集料的配合比,其和为 100;
γ_1、γ_2、$\cdots$、γ_n——各规格集料的毛体积相对密度。

A.4.4 按式(A.2)计算矿料的合成表观相对密度 γ_{sa}。

$$\gamma_{sa} = \frac{100}{\dfrac{P_1}{\gamma'_1} + \dfrac{P_2}{\gamma'_2} + \cdots + \dfrac{P_n}{\gamma'_n}} \quad \cdots\cdots\cdots (A.2)$$

式中: γ_{sa}——矿料的合成表观相对密度;
γ'_1、γ'_2、$\cdots$、γ'_n——各规格集料按 JTG E20 中方法测定的表观相对密度。

A.4.5 按式(A.3)或式(A.4)预估沥青混合料的适宜的油石比 P_a 或沥青用量 P_b。

$$P_a = \frac{P_{a1} \times \gamma_{sb1}}{\gamma_{sb}} \quad \cdots\cdots\cdots\cdots\cdots\cdots\cdots\cdots (A.3)$$

$$P_b = \frac{P_a}{100 + \gamma_{sb}} \quad \cdots\cdots\cdots\cdots\cdots\cdots\cdots\cdots (A.4)$$

式中：P_a——预估的最佳油石比(与矿料总量的百分比),%；
　　　P_b——预估的最佳沥青用量(占混合料总量的百分数),%；
　　　P_{a1}——已建类似工程沥青混合料的标准油石比,%；
　　　γ_{sb}——矿料的合成毛体积相对密度；
　　　γ_{sb1}——已建类似工程矿料的合成毛体积相对密度。

A.4.6 确定矿料的有效相对密度。

a) 对非改性沥青混合料,宜以预估的最佳油石比拌和 2 组混合料,采用真空法实测最大相对密度,取平均值。然后由式(A.5)计算矿料的有效相对密度 γ_{se}。

$$\gamma_{se} = \frac{100 - P_b}{\frac{100}{\gamma_t} - \frac{P_b}{\gamma_b}} \quad \cdots\cdots\cdots\cdots\cdots\cdots\cdots\cdots (A.5)$$

式中：γ_{se}——矿料的有效相对密度；
　　　P_b——试验采用的沥青用量(占混合料总量的百分数),%；
　　　γ_t——试验沥青用量条件下实测得到的最大相对密度；
　　　γ_b——沥青的相对密度(25℃/25℃)。

b) 对改性沥青难以分散的混合料,有效相对密度宜直接由矿料的合成毛体积相对密度与合成表观相对密度按式(A.6)计算确定,其中沥青吸收系数 C 值根据集料吸水率由式(A.7)求得,矿料的合成吸水率按式(A.8)计算。

$$\gamma_{se} = C \times \gamma_{sa} + (1 - C) \times \gamma_{sb} \quad \cdots\cdots\cdots\cdots\cdots\cdots\cdots\cdots (A.6)$$

$$C = 0.033 w_x^2 - 0.2936 w_x + 0.9339 \quad \cdots\cdots\cdots\cdots\cdots\cdots\cdots\cdots (A.7)$$

$$w_x = \left(\frac{1}{\gamma_{sb}} - \frac{1}{\gamma_{sa}}\right) \times 100 \quad \cdots\cdots\cdots\cdots\cdots\cdots\cdots\cdots (A.8)$$

式中：C——合成矿料的沥青吸收系数；
　　　w_x——合成矿料的吸水率,%；
　　　γ_{sb}——矿料的合成毛体积相对密度；
　　　γ_{sa}——矿料的合成表观相对密度。

A.4.7 以预估的油石比为中值,按一定间隔(对密级配沥青混合料通常为 0.5%,对沥青碎石混合料可适当缩小间隔为 0.3%~0.4%),取 5 个或 5 个以上不同的油石比分别制作 VTM 试件。

A.4.8 测定压实沥青混合料试件毛体积相对密度 γ_f 和吸水率,取平均值。测试方法应按下列规定执行：

a) 通常采用表干法测定毛体积相对密度；
b) 对吸水率大于 2% 的试件,宜改用蜡封法测定毛体积相对密度；
c) 对吸水率小于 0.5% 的特别致密的沥青混合料,在施工质量检验时,允许采用水中重法测定的表观相对密度作为标准密度,钻孔试件也采用相同方法。但配合比设计时不得采用水中重法。

A.4.9 确定沥青混合料的最大理论相对密度。

a) 对非改性的普通沥青混合料,在成型 VTM 试件的同时,按 A.4.6 中 a)的要求采用真空法实测各组沥青混合料的最大理论相对密度 γ_{ti}。当只对其中一组油石比测定最大理论相对密度时，也可按式(A.9)或式(A.10)计算其他不同油石比时的最大理论相对密度 γ_{ti}。

$$\gamma_{ti} = \frac{100 + P_{ai}}{\frac{100}{\gamma_{se}} + \frac{P_{ai}}{\gamma_{b}}} \quad\cdots\cdots\cdots\cdots\cdots\cdots (A.9)$$

$$\gamma_{ti} = \frac{100}{\frac{P_{si}}{\gamma_{se}} + \frac{P_{bi}}{\gamma_{b}}} \quad\cdots\cdots\cdots\cdots\cdots\cdots (A.10)$$

式中：γ_{ti}——相对于计算沥青用量 P_{bi} 时沥青混合料的最大理论相对密度；

　　P_{ai}——所计算的沥青混合料中的油石比，%；

　　P_{bi}——所计算的沥青混合料的沥青用量，%，$P_{bi} = P_{ai}/(1 + P_{ai})$；

　　P_{si}——所计算的沥青混合料的矿料含量，%，$P_{si} = 100 - P_{bi}$；

　　γ_{se}——矿料的有效相对密度；

　　γ_{b}——沥青的相对密度(25℃/25℃)。

b) 对改性沥青混合料宜按式(A.9)或式(A.10)计算不同沥青用量混合料的最大理论相对密度。

A.4.10 按式(A.11)~式(A.13)计算沥青混合料试件的空隙率VV、矿料间隙率VMA、有效沥青的饱和度VFA等体积指标，取1位小数，进行体积组成分析。

$$VV = \left(1 - \frac{\gamma_{f}}{\gamma_{t}}\right) \times 100 \quad\cdots\cdots\cdots\cdots\cdots\cdots (A.11)$$

$$VMA = \left(1 - \frac{\gamma_{f}}{\gamma_{sb}} \times P_{s}\right) \times 100 \quad\cdots\cdots\cdots\cdots\cdots\cdots (A.12)$$

$$VFA = \frac{VMA - VV}{VMA} \times 100 \quad\cdots\cdots\cdots\cdots\cdots\cdots (A.13)$$

式中：VV——试件的空隙率，%；

　　VMA——试件的矿料间隙率，%；

　　VFA——试件的有效沥青饱和度(有效沥青含量占VMA的体积比例)，%；

　　γ_{f}——试件的毛体积相对密度；

　　γ_{t}——沥青混合料的最大理论相对密度；

　　P_{s}——矿料占沥青混合料总质量的百分率之和，%，即 $P_{s} = 100 - P_{b}$；

　　γ_{sb}——矿料混合料的合成毛体积相对密度。

A.4.11 按JTG E20中T 0709试验方法测定马歇尔稳定度及流值。

A.5 最佳沥青用量确定

A.5.1 按图A.2所示方法，以油石比或沥青用量为横坐标，以体积指标和稳定度及流值为纵坐标，绘制曲线。确定均符合本标准规定的沥青混合料技术标准的沥青用量范围 OAC_{min} ~ OAC_{max}。选择的沥青用量范围应涵盖设计空隙率的全部范围，并尽可能涵盖沥青饱和度的要求范围，并使密度及稳定度曲线出现峰值。如果没有涵盖设计空隙率的全部范围，试验应扩大沥青用量范围重新进行。绘制曲线时应含VMA指标，且应为下凹形曲线，但确定 OAC_{min} ~ OAC_{max} 时不包括VMA。

A.5.2 根据试验曲线的走势，按下列方法确定沥青混合料的最佳沥青用量 OAC_{1}：

a) 在曲线图A.2上求取相应于密度最大值、稳定度最大值、目标空隙率(或中值)、沥青饱和度范围中值的沥青用量 a_{1}、a_{2}、a_{3}、a_{4}。按式(A.14)取平均值作为 OAC_{1}。

$$OAC_{1} = (a_{1} + a_{2} + a_{3} + a_{4})/4 \quad\cdots\cdots\cdots\cdots\cdots\cdots (A.14)$$

b) 若所选沥青用量范围未能涵盖沥青饱和度的要求范围,则按式(A.15)取 3 者平均值作为 OAC_1。

$$OAC_1 = (a_1 + a_2 + a_3)/3 \quad\quad\quad (A.15)$$

c) 对所选择试验的沥青用量范围,密度或稳定度没有出现峰值(最大值经常在曲线的两端)时,可直接以目标空隙率所对应的沥青用量 a_3 作为 OAC_1,但 OAC_1 应介于 $OAC_{min} \sim OAC_{max}$ 的范围内。否则应重新进行配合比设计。

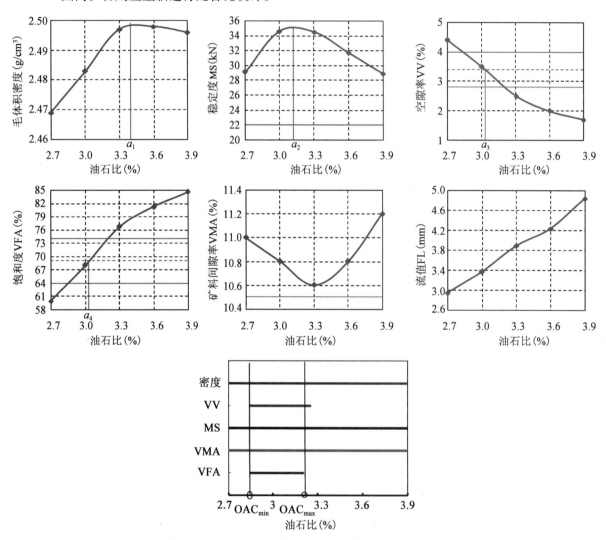

图 A.2　VTM 试件物理力学性质试验结果示例

注:图中 $a_1 = 3.4\%$,$a_2 = 3.12\%$,$a_3 = 3.03\%$,$a_4 = 3.03\%$,$OAC_1 = 3.11\%$(由 4 个平均值确定);$OAC_{min} = 2.85\%$,$OAC_{max} = 3.20\%$,$OAC_2 = 3.03\%$。由此确定 $OAC = 3.07\%$。

A.5.3 以各项指标均符合技术标准(不含 VMA)的沥青用量范围 $OAC_{min} \sim OAC_{max}$ 的中值作为 OAC_2。

$$OAC_2 = (OAC_{min} + OAC_{max})/2 \quad\quad\quad (A.16)$$

A.5.4 通常情况下,取 OAC_1 及 OAC_2 的中值作为计算的最佳沥青用量 OAC。

$$OAC = (OAC_1 + OAC_2)/2 \quad\quad\quad (A.17)$$

A.5.5 按式(A.17)计算的最佳油石比 OAC,检验是否能满足本标准表 3 关于最小 VMA 值的要求。

A.5.6 检查图 A.2 中相应于此 OAC 的各项指标是否均符合技术标准。

A.6 配合比设计检验

A.6.1 高温稳定性检验:动稳定度应符合本标准表4的要求。

A.6.2 水稳定性检验:残留稳定度及残留强度比均应符合本标准表5的规定。

A.6.3 低温抗裂性能检验:低温弯曲试验破坏应变宜符合本标准表6的规定。

A.6.4 渗水系数检验:车辙试件渗水试验检验的渗水系数应符合本标准表7的规定。

附 录 B
（规范性附录）
沥青混合料振动压实试验方法

B.1 适用范围

本方法适用于沥青混合料无侧限抗压强度、间接抗拉强度、室内抗压回弹模量、动态模量、劈裂模量等试验用圆柱体试件。大圆柱体试件尺寸为150mm（直径）×95.3mm（高度），小圆柱体试件尺寸为100mm（直径）×63.5mm（高度）。

B.2 仪器设备

B.2.1 垂直振动压实仪：应符合本标准附录C的要求。

B.2.2 试模：大试件规格为内径×高度=150mm×150mm，小试件规格为内径×高度=100mm×100mm。

B.2.3 拌和锅应符合下列要求：
  a) 应能保证拌和温度并充分拌和均匀；
  b) 可控制拌和时间；
  c) 容量不小于10L；
  d) 搅拌叶自转速度70r/min~80r/min，公转速度40r/min~50r/min。

B.2.4 其他仪器设备包括：
  a) 电动或手动脱模器；
  b) 具有调温功能的烘箱；
  c) 天平或电子秤；
  d) 温度计；
  e) 电炉；
  f) 游标卡尺；
  g) 插刀或螺丝刀等其他用具。

B.3 试验准备

试验准备应符合以下规定：
  a) 将各种规格集料置105℃±5℃的烘箱中烘干至恒重，时间不少于4h~6h；
  b) 按JTG E20规定的方法测定不同粒径规格粗集料、细集料及填料（矿粉）的各密度，按JTG E20规定的方法测定沥青密度；
  c) 将烘干分级的粗集料、细集料，按每个试件设计级配要求称其质量并混合均匀，置烘箱中预热至沥青拌和温度以上约15℃备用，矿粉单独加热；将沥青试样，用恒温烘箱或油浴、电热套熔化加热至规定的沥青混合料拌和温度备用，但不得超过175℃；
  d) 用沾有少许黄油的棉纱擦净试模内壁和垫块，并置100℃左右烘箱中加热1h备用。

B.4 沥青混合料拌制

沥青混合料拌和应符合下列要求：
  a) 将沥青混合料拌和锅预热至拌和温度以上10℃左右备用；
  b) 将每个试件预热的粗细集料置于拌和锅中，用小铲混合均匀，加入需要数量的已达拌和温度的沥青,开动拌和锅一边搅拌一边将拌和叶片插入混合料中拌和 1min～1.5min,然后暂停拌和,加入单独加热的矿粉,继续拌和至均匀为止,并使沥青混合料保持在要求的拌和温度范围内;

c) 总拌和时间为 3min。

B.5 振动压实成型试件

振动压实成型试件应符合下列要求:
a) 将已拌和好的沥青混合料,均匀称取一个试件。从烘箱中取出预热的试模和垫块,将试模装在垫块上,并使底部平整,垫一张圆形的吸油性小的纸,按四分法从 4 个方向用小铲将混合料铲入试模中,加入后用插刀或大螺丝刀沿周边插捣 15 次,中间插捣 10 次。然后将沥青混合料表面整平成凸圆弧面;
b) 插入温度计至沥青混合料中心检查沥青混合料温度;
c) 待沥青混合料温度达到压实温度后,将试模(连同垫块)固定到 VTE 上,在装好的混合料上面垫一张吸油性小的圆纸,用沾有少许黄油的棉纱擦拭振动锤底面,放下振动锤并使其与被压材料接触,大试件振动时间为 100s,小试件振动时间为 65s;
d) 振动压实结束后,立即用镊子取掉上下面的纸,用卡尺测量试件离试模上口的高度并由此计算试件高度,大试件的标准高度为 95.3mm,小试件的标准高度为 63.5mm;
e) 如高度不符合要求时,试件应作废,并按式(B.1)调整试件的混合料质量,以保证高度符合标准高度的要求;

$$m = \frac{h \times m'}{h'} \quad\cdots\cdots\cdots\cdots\cdots\cdots\cdots\cdots\cdots\cdots (B.1)$$

式中:m——调整后沥青混合料质量;
h——试件要求高度;
m'——原用沥青混合料质量;
h'——原用沥青混合料质量成型试件高度。

f) 将装有试件的试模(连同底模)放置冷却至室温后(不少于 12h),置脱模机上脱出试件。急用时用电风扇吹冷 1h 或浸水冷却 3min 以上脱模。但浸水脱模法不能用于测量密度、VV 等物理指标。

附 录 C
（规范性附录）
垂直振动压实仪的技术要求

C.1 垂直振动压实仪的激振器由对称于垂直平面的两个具有转速相等、方向相反的偏心块构成。

C.2 垂直振动压实仪的技术要求：工作频率38Hz±1Hz、静偏心力矩0.11kg·m±0.001kg·m、上车质量110kg±2kg、下车质量170kg±2kg，如图C.1所示。

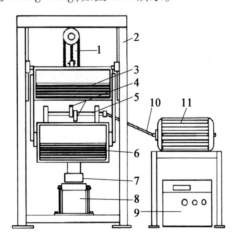

图C.1 垂直振动压实仪的构造及原理示意图

1-升降系统;2-机架;3-上车系统;4-偏心块;5-动车轴;6-下车系统;7-振动锤;8-试模;9-控制系统;10-转动轴;11-电机